Matthias Fiedler

Innovatiivne kinnisvara sobitamise idee: lihtne kinnisvara vahendamine

Kinnisvara sobitamine: efektiivne, lihtne ja professionaalne kinnisvara vahendamine innovatiivse kinnisvara sobitamise portaali abil

Impressum

1. väljaanne raamatuna | veebruar 2017
(Algselt avaldatud saksa keeles, detsember 2016)

© 2016 Matthias Fiedler

Matthias Fiedler
Erika-von-Brockdorff-Str. 19
41352 Korschenbroich
Saksamaa
www.matthiasfiedler.net

Koostamine ja trükk:
vt märget viimasel leheküljel

Kaanekujundus: Matthias Fiedler
E-raamatu loomine: Matthias Fiedler

ISBN-13 (Paperback): 978-3-947184-59-0
ISBN-13 (E-Book mobi): 978-3-947128-31-0
ISBN-13 (E-Book epub): 978-3-947128-32-7

Bliograafiline teave Saksa rahvusraamatukogus:
Saksa rahvusraamatukogu on registreerinud käesoleva väljaande
Saksamaa riiklikus bibliograafias; üksikasjalikud
bibliograafilised andmed on saadaval aadressil http://dnb.d-nb.

SISU ÜLEVAADE

Käesolevas raamatus kirjeldatakse ülemaailmse kinnisvara sobitamise portaali (rakenduse) kontseptsiooni, arvutades välja tähelepanuväärse potentsiaalse käibe (miljardid eurod), mis integreeritakse kinnisvaramaakleri tarkvarasse koos kinnisvara hindamise funktsiooniga (potentsiaalne käive miljardites eurodes). Selle kaudu saab efektiivselt ja aega säästvalt vahendada era- ja ärikinnisvara omandamist või väljaüürimist. See on innovatiivse ja professionaalse kinnisvaravahendamise tulevik kõikide kinnisvaramaaklerite ja kinnisvarahuviliste jaoks. Kinnisvara sobitamine toimib pea kõikides riikides ja isegi riigiüleselt.

Selle asemel, et „viia" kinnisvara ostja või üürniku juurde, kvalifitseeritakse (otsinguprofiil) kinnisvara sobitamise portaalis kinnisvarahuvilised ning võrreldakse ja seotakse neid vahendatavate kinnisvaraobjektide maakleritega.

SISUKORD

EESSÕNA

Aastal 2011 mõtlesin läbi ja arendasin välja siinkirjeldatud innovatiivse kinnisvara sobitamise idee.

Alates 1998. a tegutsen kinnisvaraäris (mh kinnisvara vahendamine, ostmine ja müümine, hindamine, väljaüürimine ja kruntide arendus). Mina olen muuhulgas kinnisvaraspetsialist (IHK), diplomeeritud kinnisvaraökonomist (ADI) ja kinnisvara hindamise ekspert (DEKRA), samuti olen rahvusvaheliselt tunnustatud kinnisvaraühenduse Royal Institution of Chartered Surveyors (MRICS) liige.

Matthias Fiedler

Korschenbroich, 31.10.2016

www.matthiasfiedler.net

1. Innovatiivse kinnisvara sobitamise idee: lihtne kinnisvara vahendamine

Kinnisvara sobitamine: efektiivne, lihtne ja professionaalne kinnisvara vahendamine innovatiivse kinnisvara sobitamise portaali abil

Selle asemel, et „viia" kinnisvara ostja või üürniku juurde, kvalifitseeritakse (otsinguprofiil) kinnisvara sobitamise portaalis (rakenduses) kinnisvarahuvilised ning võrreldakse ja seotakse neid vahendatavate kinnisvaraobjektide maakleritega.

2. Kinnisvara-huviliste ja kinnisvara pakkujate eesmärgid

Kinnisvara müüja ja üürileandja seisukohalt on oluline oma kinnisvara kiiresti ja võimalikult kõrge hinnaga müüa või välja üürida.

Ostu- või üürihuvilise seisukohalt on oluline leida oma soovidele vastav kinnisvara ning see võimalikult kiiresti ja probleemideta osta või üürida.

3. Senised kinnisvara otsimise meetodid

Reeglina vaatavad kinnisvarahuvilised kinnisvaraobjekte soovitud piirkonnas suurest kinnisvaraportaalist Internetis. Portaalidest võivad nad lasta endale e-posti teel saata kinnisvaraobjekte või vastavate kinnisvaralinkide nimekirja, kui nad on loonud otsinguprofiili. Sageli tehakse seda 2–3 kinnisvaraportaalis. Seejärel võetakse pakkujaga reeglina e-posti teel ühendust. Seeläbi saavad pakkujad võimaluse ja loa huvilistega ühendust võtta.

Lisaks võtavad huvilised ühendust ükshaaval soovitud piirkonna maakleritega ja loovad igaühe juures oma otsinguprofiili.

Kinnisvaraportaali pakkujate seas on nii eraisikuid kui ka professionaalsed müüjad. Professionaalsed müüjad on valdavalt kinnisvaramaaklerid ja osaliselt ehitusettevõtted, kinnisvara vahendajad ja muud kinnisvaraga tegelevad ettevõtted (tekstis nimetatakse professionaalseid müüjaid kinnisvaramaakleriteks).

4. Erapakkujate puudused / kinnisvaramaaklerite eelised

Kinnisvara ostmise korral pole eraisiku poolt alati tagatud kohene müümine, kuna näiteks päranduseks saadud kinnisvara puhul pole pärijate seas üksmeelt või puudub pärimistunnistus. Lisaks võivad ostmisprotsessi raskendada ebaselged õiguslikud küsimused, nagu mh elamisõigus.

Üürikinnisvara puhul võib juhtuda, et eraisikust üürileandja pole hankinud ametiasutuste lubasid, nagu näiteks siis, kui ärikinnisvara (-pind) üüritakse välja korterina.

Kui pakkujaks on kinnisvaramaakler, on ta nimetatud asjaolud reeglina juba eelnevalt välja selgitanud. Lisaks on ta sageli ette valmistanud ka kõik vajalikud kinnisvaradokumendid (põhiplaan, asendiplaan, energiamärgis, katastri andmed, ametiasutuste dokumendid jne). – Tänu sellele on võimalik kiire ja tõrgeteta müümine või väljaüürimine.

5. Kinnisvara sobitamine

Et sobitada kiiresti omavahel huvilised ning müüjad või üürileandjad, on oluline pakkuda süstematiseeritud ja professionaalset lähenemisviisi.

See saab teoks vastupidises suunas või järjestuses toimuva teguviisi toel, mille puhul otsitakse ja leitakse sobivused kinnisvaramaaklerite ja huviliste vahel. See tähendab, et selle asemel, et „viia" kinnisvara ostja või üürniku juurde, kvalifitseeritakse (otsinguprofiil) kinnisvara sobitamise portaalis (rakenduses) kinnisvarahuvilised ning võrreldakse ja seotakse neid vahendatavate kinnisvaraobjektide maakleritega.

Esimese sammuna loovad huvilised konkreetse otsinguprofiili kinnisvara sobitamise portaalis. See otsinguprofiil sisaldab u 20 tunnust.

Otsinguprofiili jaoks on olulised mh järgmised tunnused (mittetäielik loend).

- Piirkond/postiindeks/asukoht
- Objekti liik
- Krundi suurus
- Elamispind
- Müügi-/üürihind
- Ehitusaasta
- Korrus
- Tubade arv
- Välja üüritud (jah/ei)
- Kelder (jah/ei)
- Rõdu/terrass (jah/ei)
- Kütte liik
- Parkimisplats (jah/ei)

Seejuures on oluline, et tunnused ei sisestada vabatekstina, vaid valitakse hiireklõpsuga või avades vastava tunnuse välja (nt objekti liik) ripploendi etteantud võimaluste/valikutega (nt objekti liigi puhul: korter, ühepere-elamu, ladu, büroo...).

Soovi korral võivad huvilised luua mitu otsinguprofiili. Samuti on võimalik otsinguprofiili muuta.

Lisaks sisestavad huvilised oma täielikud kontaktandmed selleks ettenähtud väljadele. Andmete hulka kuuluvad: nimi, eesnimi, tänav, majanumber, postiindeks, linn, telefon ja e-post. Seoses sellega annavad huvilised oma nõusoleku selle kohta, et kinnisvaramaakler võib nendega ühendust võtta ja saata neile sobivaid kinnisvaraobjekte (tutvustusi).

Lisaks sellele sõlmivad huvilised kinnisvaraportaali haldajaga lepingu.

Järgmises etapis on otsinguprofiilid rakendusliidese (API – Application Programming Interface) – võrreldav näiteks rakendusliidesega „openimmo" Saksamaal – kaudu kasutatavad liitunud, kuid veel mittenähtavate kinnisvaramaaklerite jaoks. Olgu siinkohal märgitud, et see rakendusliides – mis on otsekui kasutamise võti – peaks toetama kõiki praktikas kasutatavaid kinnisvaratarkvarasid, või peaks võimaldama sealt andmete ülekandmist. Vajaduse korral tuleb see tehniliselt võimalikuks teha. – Kuna praktikas on juba kasutusel rakendusliideseid, nagu ülalnimetatud „openimmo" ja muud rakendusliidesed, peaks olema võimalik nendest otsinguprofiilide ülekandmine.

Nüüd võrdlevad kinnisvaramaaklerid nende käsutuses olevaid kinnisvaraobjekte otsinguprofiilidega. Selleks laaditakse kinnisvarad kinnisvara sobitamise portaali ning võrreldakse ja seostatakse omavahel vastavad tunnused.

Eduka võrdluse tulemuseks on sobitamine, mida väljendatakse vastava protsendinäiduga. – Näiteks alates 50%-lisest sobivusest on otsinguprofiilid kinnisvaratarkvaras nähtavad.

Seejuures kaalutakse omavahel üksikuid tunnuseid (punktisüsteem), nii et tunnuste võrdlemisel saadakse tulemuseks sobivuse protsent (kokkulangemise tõenäosus). – Näiteks tunnus „Objekti liik" on suurema kaaluga kui „Elamispind". Lisaks saab valida teatud tunnuseid (nt kelder), mis peavad kinnisvaraobjektil olemas olema.

Tunnuste võrdlemise käigus sobivuse leidmiseks tuleb silmas pidada, et kinnisvaramaakleritele antaks ligipääs ainult nende soovitud (tellitud) piirkondadele. See vähendab võrdlusandmete töötlusmahtu. Eriti, kuna kinnisvaramaaklerid tegutsevad väga sageli piirkondlikult. – Siinkohal olgu märgitud, et suurte andmemahtude salvestamiseks ja töötlemiseks on võimalik kasutada „pilve".

Professionaalse kinnisvaravahenduse tagamiseks saavad otsinguprofiilidele ligipääsu ainult kinnisvaramaaklerid.

Selle kohta sõlmivad kinnisvaramaaklerid kinnisvara sobitamise portaali haldajaga lepingu. Vastava võrdluse/sobitamise järel saavad kinnisvaramaaklerid ühendust võtta huvilistega ja vastupidi: huvilised kinnisvaramaakleritega. See tähendab ka, et kui kinnisvaramaaklerid on saatnud huvilisele tutvustuse, dokumenteeritakse toiming või maakleri vahendustasu nõue müügi või üürimise korral.

See eeldab, et omanik (müüja või üürileandja) on volitanud kinnisvaramaaklerit kinnisvara vahendama või on nõustunud sellega, et maakler võib kinnisvara pakkuda.

6. Kasutusvaldkonnad

Siin kirjeldatud kinnisvara sobitamine on kasutatav ostetava ja üüritava kinnisvara jaoks elamu- ja ärikinnisvara sektoris. Ärikinnisvara jaoks on tarvis vastavalt täiendavaid kinnisvara tunnuseid.

Huviliste poolel võib olla ka kinnisvaramaakler, nagu see praktikas tavaks on, kui ta tegutseb näiteks kliendi ülesandel.

Ruumilises mõttes saab kinnisvara sobitamise portaali üle kanda pea igale riigile.

7. Eelised

Selline kinnisvara sobitamine pakub huvilistele palju eeliseid, kui nad otsivad näiteks kinnisvara oma piirkonnas (elukohas) või töökoha vahetuse korral teises linnas/piirkonnas.

Neil tuleb vaid üks kord koostada oma otsinguprofiil ja seejärel saadavad soovitud piirkonnas tegutsevad kinnisvaramaaklerid neile sobivaid kinnisvaraobjekte.

Kinnisvaramaakleritele annab see palju eeliseid tõhususe ja aja säästmise osas kinnisvara müümisel või väljaüürimisel.

Nad saavad kiiresti ülevaate, kui suur on konkreetsete huviliste potentsiaal nende poolt pakutavale kinnisvarale.

Lisaks saavad kinnisvaramaaklerid otse ühendust võtta vastava sihtgrupiga (mh saata neile kinnisvaraobjektide tutvustusi), kellel on konkreetsed soovid otsitava kinnisvara suhtes.

Seeläbi suureneb kontaktivõtmise kvaliteet huvilistega, kes teavad, mida otsivad. Tänu sellele väheneb järgnevate külastuskordade arv. – Seega lüheneb vahendatavate kinnisvaraobjektide kogu müügiperiood.

Pärast vahendatava kinnisvara külastamist huviliste poolt toimub – nagu tavaliselt – müügi-või üürilepingu sõlmimine.

8. Näidisarvutus (potentsiaalne) – ainult erakasutuses korterid ja majad (ilma väljaüüritud korterite ja majadeta ning ärikinnisvarata)

Järgnevast näitest ilmneb, milline potentsiaal on kinnisvara sobitamise portaalil.

250 000 elanikuga asulas, nagu näiteks Mönchengladbachi linn, on statistiliselt ligikaudu 125 000 majapidamist (2 elanikku majapidamise kohta). Elanikkonna liikuvuse määr on umbes 10%. Seega kolib aasta jooksul umbes 12 500 majapidamist. – Mönchengladbachi sisse- ja väljakolimise saldot seejuures ei arvestatud. – Nende seast otsib u 10 000 majapidamist (80%) üürikinnisvara ja u 2500 majapidamist (20%) müügikinnisvara.

Vastavalt Mönchengladbachi linna kinnisvara müügiaruandele oli 2012. a 2613 kinnisvara ostujuhtumit. – Seda kinnitab eespool nimetatud 2500 ostuhuvilise arv. Tegelikkuses on see number suurem, kuna näiteks mitte iga huviline ei leia soovitud kinnisvara. Hinnanguliselt on tegelike huviliste arv ehk täpsemalt öeldes otsinguprofiilide arv kaks korda suurem kui keskmine 10%-line liikuvusmäär, nimelt 25 000 otsinguprofiili. See sisaldab muuhulgas ka ühe kasutaja poolt loodud mitut otsinguprofiili.

Mainimisväärne on ka, et seniste kogemuste põhjal leiavad umbes pooled kõikidest huvilistest (ostjad ja üürijad) soovitud kinnisvaraobjekti maakleri kaudu, seega kokku 6250 majapidamist. Kogemuste põhjal otsib aga vähemalt 70% kõikidest majapidamistest interneti kinnisvaraportaalide kaudu, seega kokku 8750 majapidamist (vastab 17 500 otsinguprofiilile).

Kui 30% kõikidest huvilistest, s.t 3750 majapidamist (vastab 7500 otsinguprofiilile) Mönchengladbachi suuruses linnas loovad otsinguprofiili kinnisvara sobitamise portaalis (rakenduses), võiksid liitunud kinnisvaramaaklerid aastas pakkuda 1500 konkreetse ostuhuvilise otsinguprofiili (20%) kaudu ning 6000 konkreetse üürihuvilise otsinguprofiili (80%) kaudu neile sobivaid kinnisvaraobjekte.

See tähendab, et 250 000 elanikuga linna puhul, arvestades keskmise 10-kuulise otsimiseperioodiga ja näidishinnaga 50 eurot kuus iga huvilise otsinguprofiili eest, on tulemuseks 7500 otsinguprofiili käibepotentsiaaliga 3 750 000 eurot aastas.

Projekteerides seda kogu Saksamaa Liitvabariigile, kus on ligikaudu 80 000 000 (80 miljonit) elanikku, saame käibepotentsiaali tulemuseks 1 200 000 000 (1,2 miljardit) eurot aastas. – Kui 30% asemel kõikidest huvilistest otsiks näiteks 40% huvilistest kinnisvaraobjekte kinnisvara sobitamise portaali kaudu, suureneb käibepotentsiaal 1 600 000 000 € (1,6 miljardile) eurole aastas.

See potentsiaalne käive on seotud üksnes erakasutuses olevate korterite ja majadega. See potentsiaali arvutus ei sisalda üürikinnisvara ehk investeerimiskinnisvara elamukinnisvara sektoris ning kogu ärikinnisvara sektorit.

Eeldades, et Saksamaal on umbes 50 000 kinnisvara vahendamise alal tegutsevat ettevõtet (sealhulgas ehitusettevõtted, kinnisvara vahendajad ja muud kinnisvaraga tegelevad ettevõtted), kus töötab kokku umbes 200 000 inimest, ning eeldades, et 20% nendest 50 000 ettevõttest, kasutavad kinnisvara sobitamise portaali keskmiselt 2 litsentsiga, saame tulemuseks näitliku hinna 300 eurot kuus litsentsi kohta ning käibepotentsiaali 72 000 000 (72 miljonit) eurot aastas. Lisaks sellele peaks toimuma kohalike otsinguprofiilide piirkondlik broneerimine, nii et olenevalt konfiguratsioonist saab genereerida täiendavat märkimisväärset käibepotentsiaali.

Tänu konkreetsete otsinguprofiilidega huviliste suurele potentsiaalile poleks kinnisvaramaakleritel enam tarvis omaenda huviliste andmepankasid (kui need on olemas) pidevalt uuendada. Eriti, kuna aktuaalsete otsinguprofiilide arv ületab suure tõenäosusega paljude kinnisvaramaaklerite andmepankades loodud otsinguprofiilide arvu.

Kui seda innovatiivset kinnisvara sobitamise portaali hakatakse kasutama paljudes riikides, saavad näiteks ostuhuvilised Saksamaal luua otsinguprofiili puhkusekorterite leidmiseks

Vahemere saarel Mallorcal (Hispaanias) ning Mallorcaga seotud kinnisvaramaaklerid saaksid e-posti teel tutvustada saksa huvilistele vastavaid sobivaid kortereid. – Kuna saadetud tutvustused on kirjutatud hispaania keeles, saavad huvilised tänapäeval Internetis tõlkeprogrammide abil teksti kiiresti saksa keelde tõlkida.

Et otsinguprofiilide ja vahendatava kinnisvara sobitamist saaks teha keelteüleselt, võib kinnisvara sobitamise portaali sees vastavate tunnuste võrdlemist teostada programmeeritud (matemaatiliste) tunnuste baasil – keelest sõltumatult – ning seejärel väljastada tulemused vastavas keeles.

Kui kinnisvara sobitamise portaali hakataks kasutama kõikidel kontinentidel, oleks eespool nimetatud käibepotentsiaal (ainult otsinguhuvilised) väga lihtsustatud projektsiooni abil järgmine:

Maailma rahvastik:

7 500 000 000 (7,5 miljardit) elanikku

1. Tööstusriikide ja arenenud tööstusriikide elanikkond:

   2 000 000 000 (2,0 miljardit) elanikku

2. Tõusva majandusega riikide elanikkond:

   4 000 000 000 (4,0 miljardit) elanikku

3. Arenguriikide elanikkond:

   1 500 000 000 (1,5 miljardit) elanikku

Saksamaa Liitvabariigi aastane käibepotentsiaal 1,2 miljardit eurot 80 miljoni elaniku puhul arvutatakse järgmiste kordajate abil ümber tööstusriikide, tõusva majandusega riikide ja arenguriikide peale.

1. Tööstusriigid: 1,0

2. Tõusva majandusega riigid: 0,4

3. Arenguriigid: 0,1

Nii saame järgmise aastase käibepotentsiaali (1,2 miljardit eurot x rahvastik (tööstusriigid, tõusva majandusega riigid või arenguriigid) / 80 miljonit elanikku x faktor).

1. Tööstusriigid: 30,00 miljardit eurot

2. Tõusva
   majandusega riigid: 24,00 miljardit eurot

3. Arenguriigid: 2,25 miljardit eurot

   Kokku: **56,25 miljardit eurot**

9. Kokkuvõte

Siin esitletud kinnisvara sobitamise portaal pakub kinnisvara otsijatele (huvilistele) ja kinnisvaramaaklerite olulisi eeliseid.

1. Huvilistel kulub märkimisväärselt vähem aega sobiva kinnisvara otsimisele, kuna nad sisestavad oma otsinguprofiili ainult ühel korral.

2. Kinnisvaramaaklerid saavad ülevaate huviliste arvust, kellel on juba konkreetsed soovid (otsinguprofiil).

3. Huvilistele esitletakse kõikide kinnisvaramaaklerite poolt ainult soovitud või sobivat kinnisvara (vastavalt otsinguprofiilile; justkui automaatne eelselektsioon).

4. Väheneb kinnisvaramaaklerite kulu oma isikliku andmepanga otsinguprofiilide

haldamisel, kuna väga saadaval on väga suur arv aktuaalseid otsinguprofiile.

5. Kuna kinnisvara sobitamise portaaliga on liitunud ainult ärilised pakkujad/kinnisvaramaaklerid, tegelevad huvilistega professionaalsed ja sageli kogenud kinnisvaravahendajad.

6. Kinnisvaramaaklerid vähendavad kinnisvara külastuskordade arvu ja kokkuvõttes väheneb müümiseks kuluv aeg. Omakorda väheneb huviliste poolel külastuskordade arv ning müügi- või üürilepingu sõlmimiseni kuluv aeg.

7. Müüdava või väljaüüritava kinnisvara omanikud säästavad samuti aega. Lisaks vähendab see väljaüüritava kinnisvara tühjalt seismise aega ning varasemat ostuhinna tasumist omandatava kinnisvara puhul, tänu kiiremale väljaüürimisele või müügile. See annab ka finantsilise eelise.

Kinnisvara sobitamise idee elluviimisel võime saavutada olulise edasimineku kinnisvara vahendamise vallas.

10. Kinnisvara sobitamise portaali liitmine uue kinnisvaramaakleri tarkvaraga, mis sisaldab kinnisvara hindamist

Täiendusena võib või peaks siinkirjeldatud kinnisvara sobitamise portaal algusest peale olema uue – ideaalis üle kogu maailma kasutatava – kinnisvaramaakleri tarkvara oluline osa. See tähendab, et kinnisvaramaaklerid saavad kasutada kinnisvara sobitamise portaali kas lisaks oma kasutatavale kinnisvaramaakleri tarkvarale või ideaaljuhul kasutada uut kinnisvaramaakleri tarkvara koos kinnisvara sobitamise portaaliga.

Sidudes selle efektiivse ja innovatiivse kinnisvara sobitamise portaali kinnisvaramaakleri tarkvaraga luuakse kinnisvaramaakleri tarkvara jaoks ainulaadne müügivõimalus, mis on oluline turul läbilöömiseks.

Kuna kinnisvara vahendamise juurde kuulub alati lahutamatult kinnisvara hindamine, tuleks kinnisvaramaakleri tarkvarasse tingimata integreerida kinnisvara hindamise tööriist. Kinnisvara hindamisel vastavate arvutuskäikude abil võidakse kasutada maaklerite poolt sisestatud/loodud kinnisvaraobjektide olulisi andmeid/parameetreid. Võimalikke puuduvaid parameetreid lisab kinnisvaramaakler, tuginedes oma piirkondliku kinnisvaraturu tundmisele.

Lisaks sellele peaks kinnisvaramaakleri tarkvara pakkuma võimalust integreerida vahendatavate kinnisvaraobjektide niinimetatud virtuaalseid kinnisvaratuure. Seda võiks teostada näiteks lihtsustatud moel, luues mobiiltelefoni ja/või tahvelarvuti jaoks täiendava rakenduse, mis virtuaalse ringkäigu eduka salvestamise järel integreerib või seob selle suures osas automaatselt kinnisvaramaakleri tarkvaraga.

Kui efektiivne ja tõhus kinnisvara sobitamise portaal seotakse uue kinnisvaramaakleri tarkvaraga, millel on olemas ka kinnisvara hindamise funktsioon, suureneb võimalik käibepotentsiaal veelgi märgatavalt.

Matthias Fiedler

Korschenbroich, 31.10.2016

Matthias Fiedler

Erika-von-Brockdorff-Str. 19

41352 Korschenbroich

Saksamaa

www.matthiasfiedler.net

www.ingramcontent.com/pod-product-compliance
Lightning Source LLC
Chambersburg PA
CBHW071529210326
41597CB00018B/2932